d

Catherine Romat est née en 1964 à Château-Renault. Après des études de lettres, elle se lance dans l'écriture. En mars 1997, elle obtient le prix de la première œuvre pour son album *Archicannibal* (Éditions Épigones). Aujourd'hui, elle vit à Paris dans un atelier d'artiste et continue à écrire plus que jamais.

Tony Ross vit en Angleterre, où il est né en 1938. Enfant, il rêve de devenir pilote ou musicien, mais sa passion pour le dessin l'emporte. Il commence par créer des illustrations humoristiques pour la presse, puis écrit et illustre des contes et des histoires drôles pour les enfants. Professeur dans l'une des plus importantes écoles d'illustration anglaises, Tony Ross a publié de nombreux ouvrages, édités en France par Gallimard, Hachette, Hatier, Le Seuil.

Du même illustrateur dans Bayard Poche :
Les trois fileuses - Le cadeau magique -
Le faramineux pouce de Paul (Les belles histoires)

Bayard Éditions est une marque
du département Livre de Bayard Presse

ISBN 2.227.72832.9

La maman de Laurent Outang

Une histoire écrite par Catherine Romat

illustrée par Tony Ross

BAYARD ÉDITIONS

L.O

Laurent Outang est un singe géant,
un animal terrifiant.
Il a toutes ses dents
et ses muscles sont impressionnants !

En plus, Laurent Outang est intelligent.
Sa tête déborde de projets !
D'abord, il voudrait, avec son clan*,
conquérir le Grand Bananier.
Et puis il rêve aussi
d'épouser Babette Orang-Outang,
la fille du chef de clan.
Laurent Outang a même
un troisième projet...

* Ce mot est expliqué page 44, n° 1.

Mais celui-là,
il est tellement top secret,
motus et bouche cousue*
qu'il vaut mieux le dire en cachette
ou alors entre ses dents.
Voilà : Laurent Outang veut devenir
chef de clan...

* Cette expression est expliquée page 44, n° 2.

Laurent Outang se frappe très fort
le poitrail et la bedaine,
la bedaine et le poitrail.
Il grimace en roulant des yeux
ronds comme des billes,
il fait des bonds extra-hauts,
des sauts périlleux...
Il brandit un tronc d'arbre géant,
d'un coup sec
il le casse en deux sur sa tête
et il s'en fait des cure-dents.
Il explique aux vieux singes de son clan
comment il va conquérir
le Grand Bananier
et devenir le maître de la forêt !

Mais à chaque fois,
sa maman déboule* ventre à terre
en criant :
– Titi, mon grand, rentre,
il est tard à présent !
Et les singes du clan s'éloignent
en rigolant.
– Titi ? disent-ils. Drôle de nom
pour un guerrier si vaillant !

* Ce mot est expliqué page 45, n° 3.

LO

Laurent Outang a rendez-vous
avec Babette Orang-Outang,
la fille du chef de clan.
Pour lui faire la cour, il lui envoie

trois grandes claques dans le dos.
En orang-outang, ça veut dire :
« Je t'aime un peu, beaucoup,
passionnément ! »

Mais à cet instant,
la maman de Laurent Outang
surgit d'on ne sait où :
– Titi ! Où étais-tu passé ?
Je t'ai cherché toute la journée !
Tu vas me rendre folle, tu sais ?
Babette Orang-Outang
hausse les épaules.
Elle rentre chez elle
en se dandinant.
Pas question pour elle de devenir
madame Titi Laurent Outang !

L.O.

Assis sur son derrière,
Laurent Outang se fait du souci.
Il se gratte le crâne,
il se roule dans la poussière.
Sa maman rouspète :
– Titi ! Mon chéri !
Dans quel état tu t'es mis !
Oui, Laurent Outang a un problème :
personne, mais alors personne
dans la forêt
ne le prend au sérieux !

Et tout ça à cause de sa maman !
La maman de Laurent Outang
aime beaucoup son fils.
Le malheur, c'est qu'elle l'aime
beaucoup trop
et qu'elle le prend encore
pour un enfant orang-outang !

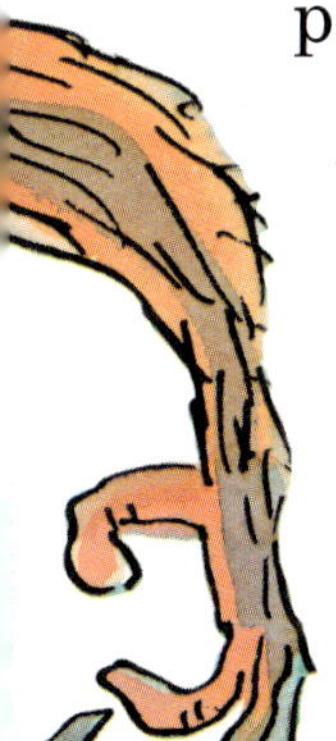

Alors, un jour,
Laurent Outang trouve un plan.
Au beau milieu de la nuit,
il quitte pour de bon
son clan et sa maman.
Il s'en va conquérir tout seul
le Grand Bananier.
Et alors, quand il reviendra...

Laurent Outang ne croit pas
à ces histoires
que les mamans orang-outangs
racontent à leurs enfants :
que la forêt est peuplée
de monstres dégoûtants
qui guettent leurs proies*
dans le noir en bavant.
Non, il n'y croit pas,
il est bien trop grand !

* Ce mot est expliqué page 45, n° 4.

Laurent Outang marche
dans la forêt en sifflotant.
Mais soudain,
une branche craque dans son dos,
quelque chose le frôle en passant.
Laurent Outang, terrifié,
détale droit devant lui !

Un peu plus loin, sur son chemin
il aperçoit deux yeux brillants
qui l'observent malicieusement.
Cette fois, Laurent Outang
fait demi-tour.
C'est décidé,
il rentre chez sa maman !

L.D.

Trop tard !
Dans le noir, il n'a pas vu le trou béant,
le piège à orang-outangs !
Laurent Outang se retrouve
dans une cage grise et sale,
pleine de courants d'air.

Il est prisonnier
avec d'autres animaux
qui vont être envoyés au zoo.

Laurent Outang tourne en rond
dans sa cage.
Et puis, comme il n'a rien à faire,
il se gratte soigneusement
les oreilles et le nez.
Alors une voix qu'il connaît bien
gronde soudain :
– Titi, c'est dégoûtant !
Enlève tout de suite les doigts
de ton nez,
grand mal élevé !

C’est la maman de Laurent Outang
qui l’a suivi dans la forêt.
Elle est enfermée à côté,
dans une petite cage rouillée.
Les autres animaux chuchotent
en pouffant :
– Titi ? Comme c’est amusant !

Laurent Outang se balance
d'une patte sur l'autre en grondant.
Ses gros yeux lancent des éclairs :
Laurent Outang est en colère !
Il en a assez de cette maman !

Il va lui montrer
qu'il est le plus fort,
le plus grand des orang-outangs !
Laurent Outang broie ses chaînes
avec ses dents.

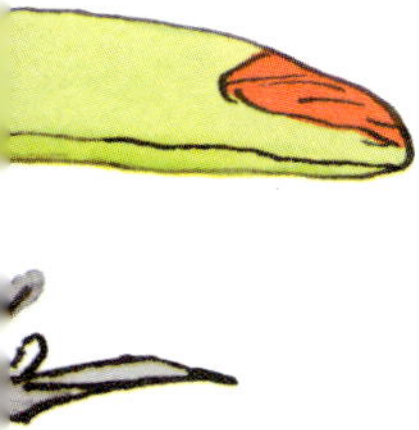

Les barreaux de sa cage
cèdent sous ses bras puissants.
Et en deux temps trois mouvements,
Laurent Outang délivre
les autres animaux et sa maman !

Laurent Outang est rentré chez lui
à la tête d'une armée d'animaux.
Très vite et très facilement,
il a conquis le Grand Bananier.
D'ailleurs, maintenant,
il s'y est installé avec sa femme
Babette Orang-Outang.

De temps en temps, le dimanche,
ils invitent la maman
de Laurent Outang
à boire le thé
et à manger des bananes flambées.

Et aujourd'hui,
c'est la fête chez les orang-outangs !
Tous les singes du clan
dansent en gesticulant.
Pas étonnant !
Ils célèbrent TITI PREMIER,
leur nouveau chef de clan !

LES MOTS DE L'HISTOIRE

1. Un **clan** est un groupe de gens composé de plusieurs familles où tout le monde est un peu cousin.

2. **Motus** est une exclamation comme « chut ! ». Et si on a la bouche cousue, on ne peut pas parler. Alors **motus et bouche cousue** signifie qu'on ne dira rien, c'est un secret !

3. **Débouler,** c'est arriver en courant à toute vitesse, comme une boule qui roule.

4. Une bête que l'on veut attraper pour la manger est une **proie**. Par exemple, un lapin peut être la proie d'un chasseur.

***Les belles histoires*, de Bayard Poche, c'est une série de livres pour rire, s'émouvoir et rêver.**

Des livres d'humour

***Les mots de Zaza* (BH 25)**

Zaza est une souris rigolote qui collectionne... les mots. Les petits, les moyens, mais aussi les gros... Ceux qui font scandale et froid dans le dos !

Écrit par Jacqueline Cohen et illustré par Bernadette Després

Des livres sur la vie, ses joies, ses peines

***Poulou et Sébastien* (BH 17)**

Ils sont si différents qu'ils n'auraient jamais dû se rencontrer. Mais l'amitié, ça peut être aussi un coup de foudre !

Écrit par René Escudié et illustré par Ulises Wensell.

Des livres où les animaux sont les héros

***Mic la souris* (BH 5)**

Trouver une maison de souris, ce n'est pas facile quand le soulier et le cartable ont déjà des locataires.

Écrit par Anne-Marie Chapouton et illustré par Thierry Courtin.

Et aussi des contes, des histoires fantastiques, du frisson...

Achevé d'imprimer en Mars 1998 par OBERTHUR Graphique
35000 RENNES- N° 1329
Dépôt légal : Mars 1998 - N° d'éditeur 3312
Imprimé en France